IRGENDWO AUF DER WELT

Werner Richard Heymann

SONGBOOK

40 Songs of the greatest UFA-Composer |
40 Songs des größten UFA-Komponisten

Edited by | Herausgegeben von
Elisabeth Trautwein-Heymann

Voice and Piano | Gesang und Klavier

ED 23363
ISBN 978-3-7957-9898-7

SCHOTT

www.schott-music.com

Mainz · London · Madrid · Paris · New York · Tokyo · Beijing

ED 23363
ISMN 979-0-001-21198-7
ISBN 978-3-7957-9898-7

Fotografien (Cover und Innenteil): E. Trautwein-Heymann / Werner Richard Heymann-Archiv, Akademie der Künste, Berlin
Cover: Elke Dörr

Mit freundlicher Unterstützung von Universal Music Publishing GmbH Germany

Printed in Germany · BSS 59837 · www.schott-music.com

CONTENTS / INHALT

For the songs with further song titles in foreign languages, the respecting text versions in English, French or German are available online for download / Zu den mit Songs mit weiteren fremdsprachigen Titeln stehen Textfassungen auf Englisch, Französisch oder Deutsch online zum Download bereit:
www.schott-music.com/heymann-download

PREFACE

'Evergreens' – popular songs – such as "Das gibt's nur einmal" (page 45), "Ein Freund, ein guter Freund" (page 24) or "Irgendwo auf der Welt" (page 48), are just a part of Werner Richard Heymann's works. More than most other 20th-century German composers, he created a broad spectrum of art songs, cabaret chansons, film hits; a string quartet, orchestral, symphonic music; silent film scores, American film scores, operettas, stages works and musical comedy. Heymann made a significant contribution to the creation of two new genres: the literary cabaret chanson after the end of the First World War and sound film operetta at the beginning of the 1930s. When he had to flee from the National Socialists in 1933, his film hits had made him the most-played German composer.

Born in 1896 in Königsberg, he grew up in the musical family of a Jewish grain wholesaler. He began playing the piano at the age of three, notated his first compositions aged eight and at the age of 12 was playing in the Philharmonic Orchestra of his hometown. The director of the orchestra, Paul Scheinpflug, taught him counterpoint and music theory. When he moved to Berlin in 1912, he began to write symphonic music. In 1918 his Rhapsodic Symphony was premiered by the Vienna Philharmonic under Felix Weingartner. In this phase of serious music, which lasted until 1923, he also composed art songs including the setting of Rilke's "Schlaflied" (page 8). The supreme mastery of classical forms of composition laid the foundations for Heymann's further work. Skilful melodic phrasing characterizes his chansons and hits from early on and his light music also has symphonic elements.

In 1919, partly for financial reasons, Heymann turned to cabaret, which flourished after the First World War. Challenging texts written by a young generation of poets called for musical interpretation. Along with Friedrich Hollaender, he created the music for Max Reinhardt's "Schall und Rauch". From 1921-23 as musical director of Trude Hesterberg's "Wilde Bühne", Heymann's melodies expressed the peculiarities of texts by Walter Mehring (pages 12 and 14), Klabund, Tucholsky and others. The poems and stories depicting the Berlin underworld, as contributed by the journalist Leo Heller (page 10) were also a source of inspiration for his concise chansons, which contrast with the more pleasing melodies of the cabaret revue songs from 1925 onwards.

The silent film further expanded Heymann's musical works. Compilations for the big Berlin cinema orchestras of the silent-film era, for which he was responsible first as assistant to Ernö Rapée and from 1926 as general music director of the UfA secured a good income but left him little time for his own creative work. His song writing was limited to occasional compositions (pages 18 and 21). After Alfred Hugenberg – Hitler's journalistic and financial pioneer – took over the UfA, Heymann was subjected to anti-semitic bullying. He resigned in 1928 and worked at Tobis on the development of the synchronization of sound and film. When the UfA recognized the potential of this work, they offered him the musical direction of their first sound film in 1929.

From 1930 to March '33, Heymann wrote the music for 11 films including the legendary "Die drei von der Tankstelle" and "Der Kongreß tanzt". These works founded a new genre: the sound film operetta, to a certain extent the original form of the music film. Several successful melodies were inserted into the plot of each (pages 24 - 70), thus creating a specific musical structure and rhythm of action. Heymann said that he wrote the music not just for a film, but 'with' the film. His film hits conquered the record market, radio, dance halls and the street. It was with these songs that Heymann's friendship with the congenial lyricist Robert Gilbert began. As it was not possible at the time to synchronize films, they had to be filmed several times with different actors for each language, which promoted international dissemination. Heymann's melodies were particularly popular in French-speaking territories. The French version of "Das ist die Liebe der Matrosen" (page 32) became the unofficial anthem of the French Marines.

After turning down an offer to remain by the UfA, which wanted to dismiss all other Jewish artists, Heymann's only option was to flee quickly to France. In Paris he embraced the field of operetta. Two songs from "Florestan Ier, Prince de Monaco" even became French folk songs (pages 73 and 77). After a film with Maurice Chevalier in London (page 83), from 1937, he wrote over 50 film scores in exile in Hollywood, including those for the Lubitsch films "Ninotchka" and "To Be or Not To Be", and received four Oscar nominations. In keeping with the style of the time, the American films did not contain songs, resulting in the creation of only a few songs (pages 86 - 94) until 1951.
On returning from exile in 1951, despite his melodies having been forbidden by the National Socialists, they were still present in people's hearts and minds. A renewed collaboration with Robert Gilbert led to the creation of songs for films such as "Das Lied vom einsamen Mädchen" (page 102) and the stage (pages 107 – 124), which became well known through the interpretations by Hildegard Knef and Trude Hesterberg. Despite the 12-year ban in Germany, despite career breaks and lost scores, his songs live on – "Evergreens" in the best sense of the word. This is due not only to their musical quality, but also to their optimistic outlook, touching people's hearts and making them happy. The present song book, with 40 titles (selected from a total of over 220), offers an excellent cross-section of Heymann's vocal works, including previously unpublished and long-lost works (pages 10, 16, 21, 89– 94, 116, 119). May they remain "evergreen" along with all the others.

Berlin, April 2022
Elisabeth Trautwein-Heymann

VORWORT

„Das gibt's nur einmal" (Seite 45), „Ein Freund, ein guter Freund" (Seite 24) oder „Irgendwo auf der Welt" (Seite 48), Evergreens sind nur ein Teil im Werk von Werner Richard Heymann. Wie kaum ein anderer deutscher Komponist des 20. Jahrhunderts hat er ein breites Spektrum geschaffen, von Kunstliedern, Kabarettchansons, Filmschlagern, einem Streichquartett bis hin zu Orchestralem: symphonische Musik, Stummfilmpartituren, amerikanische Film Scores, Operetten, Bühnenmusik und musikalische Lustspiele. Zweimal wirkte Heymann maßgeblich am Entstehen neuer Genres mit, beim literarischen Kabarettchanson nach Ende des ersten Weltkriegs und der Tonfilmoperette zu Beginn der 1930er Jahre. Als er 1933 vor den Nationalsozialisten flüchten musste, war er mit seinen Filmschlagern der meistgespielte deutsche Komponist.
1896 in Königsberg geboren, wuchs er in der musischen Familie eines jüdischen Getreidegroßhändlers auf, saß schon mit drei Jahren am Klavier, schrieb mit acht seine Kompositionen auf und spielte mit zwölf Jahren im Philharmonischen Orchester seiner Vaterstadt. Dessen Leiter Paul Scheinpflug unterrichtete ihn früh in Kontrapunkt und Musiktheorie. Als er 1912 nach Berlin übersiedelte, begann er sinfonische Musik zu schreiben; 1918 fand die Uraufführung seiner Rhapsodischen Sinfonie durch die Wiener Philharmoniker unter Felix Weingartner statt. In dieser Phase der ernsten Musik, die bis 1923 währte, entstanden auch Kunstlieder, u. a. die Rilke-Vertonung „Schlaflied" (Seite 8). Die souveräne Beherrschung klassischer Kompositionsformen legte das Fundament für Heymanns weiteres Schaffen. Die Meisterschaft des Melodiebogens, die seine Chansons und Schlager charakterisiert, ist schon früh erkennbar und auch in seiner Unterhaltungsmusik schwingt ein sinfonischer Hintergrund mit. 1919 wandte sich Heymann, auch aus Geldnot, dem nach dem ersten Weltkrieg aufblühenden Kabarett zu; anspruchsvolle Texte einer jungen Dichtergeneration verlangten nach musikalischer Gestaltung. Gemeinsam mit Friedrich Hollaender für die Musik in

Max Reinhardts „Schall und Rauch" verantwortlich, dann von 1921 – 23 als musikalischer Leiter von Trude Hesterbergs „Wilde Bühne" spürten Heymanns Melodien den Besonderheiten der Texte von Walter Mehring (Seite 12 und Seite 14), Klabund, Tucholsky u. a. nach. Auch die Genrebilder aus der Berliner Halbwelt, die der Journalist Leo Heller (Seite 10) beitrug, inspirierten ihn zu prägnanten Chansons, die mit den gefälligeren Melodien der ab 1925 aufblühenden Kabarettrevuen kontrastieren.

Der Stummfilm erweiterte Heymanns musikalisches Schaffen erneut. Die Kompilationen für die großen Berliner Kinoorchester der Stummfilmära, die er zunächst als Assistent von Ernö Rapée und ab 1926 als Generalmusikdirektor der UfA zu bewältigen hatte, sicherten zwar ein gutes Einkommen, ließen aber für eigene Schöpfungen weniger Raum. Das Liedschaffen begrenzte sich auf gelegentliche Kompositionen (Seiten 18 und 21). Nachdem Alfred Hugenberg, Hitlers publizistischer und finanzieller Wegbereiter, die UfA übernommen hatte, wurde Heymann antisemitisch gemobbt. Er kündigte 1928 und arbeitete bei der Tobis an der Entwicklung des Lichttonverfahrens mit. Als die UfA das Potential des Tonfilms erkannte, bot sie ihm 1929 die musikalische Leitung ihres ersten Tonfilms an.

Von 1930 bis März 33 schrieb Heymann die Musik zu elf Filmen, darunter die legendären „Die drei von der Tankstelle" und „Der Kongreß tanzt". Sie begründeten ein neues Genre, die Tonfilmoperette, gewissermaßen die Urform des Musikfilms. Jeder der Filme enthielt mehrere in die Handlung eingefügte Erfolgsmelodien (Seiten 24 bis 70), die die Handlung musikalisch gestalteten und rhythmisierten. Heymann sagte, er schreibe nicht die Musik zu, sondern *mit* einem Film. Seine Filmschlager eroberten den Schallplattenmarkt, Rundfunk, Tanzsäle und die Straße. Mit ihnen begann auch Heymanns Freundschaft mit dem kongenialen Textdichter Robert Gilbert. Dass die Filme noch nicht synchronisiert werden konnten, sondern am gleichen Set, mit wechselnden Schauspielern in der jeweiligen Sprache, mehrfach gedreht wurden, förderte die internationale Verbreitung. Heymanns Melodien hatten insbesondere auch im französischen Sprachraum Resonanz. So avancierte die französische Fassung von „Das ist die Liebe der Matrosen" (Seite 32) zur inoffiziellen Hymne der französischen Marine. Nachdem er das Bleibeangebot der UfA, die alle anderen jüdischen Künstler entlassen wollte, ausgeschlagen hatte, blieb Heymann nur die rasche Flucht nach Frankreich. In Paris erschloß er sich das Feld der Operette; zwei Nummern aus „Florestan Ier, Prince de Monaco" wurden sogar französische Volkslieder (Seiten 73 und 77). Nach einem Film mit Maurice Chevalier in London (Seite 83) schrieb er ab 1937 im Exil in Hollywood über 50 Filmmusiken, darunter zu den Lubitsch-Filmen „Ninotchka" und „To be or not to be", und erhielt vier Oscar-Nominierungen. Dem Stil der Zeit folgend enthielten die amerikanischen Filme keine Gesangseinlagen, sodass in den Jahren bis 1951 nur einige Songs entstanden (Seiten 86 bis 94).

Bei der Rückkehr aus dem Exil 1951 waren seine Melodien trotz ihres Verbots im Nationalsozialismus noch in den Köpfen und Herzen präsent. In erneuter Zusammenarbeit mit Robert Gilbert entstanden Lieder für den Film wie „Das Lied vom einsamen Mädchen" (Seite 102) und die Bühne (Seiten 107 bis 124), die in den Interpretationen von Hildegard Knef bzw. Trude Hesterberg bekannt wurden. - Trotz der zwölfjährigen Verbotszeit in Deutschland, trotz Karrierebrüchen und verlorener Notenbestände sind seine Lieder weiter lebendig, Evergreens im besten Sinn des Wortes. Neben ihrer musikalischen Qualität liegt das auch an ihrer optimistischen Grundhaltung, die die Herzen der Menschen berührt und fröhlich macht. Das vorliegende Songbook bietet mit seinen 40 Titeln (von insgesamt über 220) einen exzellenten Querschnitt durch Heymanns Vokalwerk; darunter sind auch bislang ungedruckte Werke und längst verschollene sheet music (Seiten 10, 16, 21, 89–94, 116, 119). Mögen sie mit den anderen ‚ever'-grünen.

Berlin, im April 2022

Elisabeth Trautwein-Heymann

Schlaflied

Aus "Drei Lieder für Singstimme und Klavier", op. 1, 1916

Musik: Werner R. Heymann
Text: Rainer Maria Rilke

nie - der-le - ge, auf dei-nen Mund? Oh - ne dass ich
l.H.
dich ver-schließ' und dich al-lein mit Dei - nem las - se, wie ei - nen
Allmählich stärker
l.H.
werdend, nicht laut.
Gar - ten mit ei - ner Mas - se von Me - lis - sen und Stern - a -
- nis?
breit, aber leise
allmählich verklingend

Kellerleute

Lied für das Kabarett "Die wilde Bühne", 1921

Musik: Werner R. Heymann
Text: Leo Heller

Flott und sehr rhythmisch

2. Wa sin Kellaleite! Kellaleite! Kellaleite!
De Mutta hat nich jenuch mit sechs, een Siebtes is schon untawechs.
Wa haben ooch bei uns eenen Schlafburschen zur Miete,
a schleeft in Vatas Bett hinta da Jadine. Hurra!

3. Wa sin Kellaleite! Kellaleite! Kellaleite!
Ick bin det jingste von de Jöhrn, drum kann ick am besten sehn un hörn.
Wenn et de Juste und de Lene nich mehr aloofen,
denn jeh ick ooch, Kohlen zu vakoofen. Hurra!

4. Wa sin Kellaleite! Kellaleite! Kellaleite!
Wenn da Herr Pastor zu fromm un sittlich wird,
denn schnaub ick ma, dat det Fensta klirrt.
Un ick frei ma so, wenn nachher aus de Budike
da Fritz ma nachschaut mit valiebtem Blicke. Hurra!

Like other texts by Leo Heller that Werner Richard Heymann arranged for the cabaret »Die wilde Bühne«, »Kellerleute« appeared in Heller's »Aus Pennen und Kaschemmen« in Berlin in 1921.

Wie auch andere Texte von Leo Heller, die Werner Richard Heymann für das Kabarett „Die wilde Bühne" vertonte, erschien „Kellerleute" in Hellers „Aus Pennen und Kaschemmen" 1921 in Berlin.

An den Kanälen

Chanson für das Kabarett "Die wilde Bühne", 1921

Musik: Werner R. Heymann
Text: Walter Mehring
Bearbeitung: Jochen Breuer

2. Es zieh'n mit ihrem Haus aus Birke
Flissaken, die mit mächt'gen Stößen
die Waldbezirke
abwärts flößen.
Und Dampfer, die sich festgerannt,
im Winter, wenn die Nebel schwelen,
bugsier'n vom Krähenvolk bemannt
auf den Kanälen.

3. Es ziehen Wagen, Omnibusse
spiegeln sich taumelnd von den Brücken
im schwarzen Flusse
ihre Rücken.
Dampfkräne, die sich Holz und Kohl'n
mit Elefantenrüsseln wählen,
verbeugen sich beim Nahrung hol'n
längs den Kanälen.

4. Nachts lauert im Versteck von Fässern
Gesindel längs der Uferkanten
mit blanken Messern
auf Passanten.
Ein Fischer, der stromabwärts stakt,
zieht in der Früh mit blut'gen Krälen
ein Menschenbündel festgehakt
aus den Kanälen.

5. Es zieht den Abschaum aller Städte,
es zieht die lebensmüden Seelen
zum ew'gen Bett in
den Kanälen.
Es treibt ein Brisenhauch vom Meer
die Möwen mit zerbiss'nen Kehlen
und hungernd zieht das Rattenheer
längs den Kanälen.

Die kleine Stadt

Chanson für das Kabarett "Die wilde Bühne", 1922

Musik: Werner R. Heymann
Text: Walter Mehring
Bearbeitung: Jochen Breuer

3. Es sind in meinem Städtchen die Gassen so beengt,
drum sind die Männer und Mädchen auch alle so beschränkt.
Ich würd', gäb's nicht die Herrn vom Rat, die einzige Jungfrau sein:
so klein, so klein, so klein ist meine Stadt, so klein, so klein, so klein ist meine Stadt.

4. Es lebt dort ein Apotheker, ein Bäcker und ein Schmied,
es lebt dort ein alter Quäker, der stets auf Tugend sieht.
Ich weiß nicht, wen zum Vater hat mein herziges Kindelein:
so klein, so klein, so klein ist meine Stadt, so klein, so klein, so klein ist meine Stadt.

5. Ich schäme meines Kind's mich, weil ich keine Wiegen hab',
mein Stübchen ist so winzig, so winzig als ein Grab.
Ich halt ein Kissen ihm parat in meinem Totenschrein:
so klein, so klein, so klein ist meine Stadt, so klein, so klein, so klein ist meine Stadt.

Komm mit mir nach Brasilien

Lied für das Kabarett "Die wilde Bühne", um 1923

Musik: Werner R. Heymann
Text: Armin Robinson

3. Auf dem Bankhaus Meier sitzt der Pleitegeier
und er spricht voll Gram:
Unser Herr Kassierer war ein Defraudierer,
der sich schlecht benahm.
Er kam heut Nacht dem Kassenschrank zu nah
und sprach als er den Inhalt sah:

Komm mit mir nach Brasilien, komm mit mir in die Pampas,
dort gründen wir Familien, weil ich mit dir zusamm' pass'.
Mich schrecken nicht Reptilien, nicht Jaguar, nicht Gnu,
komm mit mir nach Brasilien, dort gründen wir Familien,
die nöt'gen Utensilien, die hab'n wir ja dazu.

Kennst du das kleine Haus am Michigansee?

Aus Max Reinhardts Inszenierung des Stücks "Artisten", 1928

Musik: Werner R. Heymann
Text: Marcellus Schiffer
Bearbeitung: Horst Kudritzki

Refrain
21 Fm/C Db7/C Db/C C7/(b9) F F6 FΔ7 F6 F C7 F°
kehrt nie mehr zu - rück.
hast mich nicht mehr lieb!
Kennst du das
p
26 F7 Bb Bbm F C7
klei - ne Haus am Mi - chi - gan - see? Da - hin fuh - ren wir zwei
30 F6 Db9 F6 C7 F C7 F°
einst im Mai. Und lag auch noch der Schnee auf dem
p
34 F7 Bb Bbm F C7
klei - nen Haus am Mi - chi - gan - see, schuf die Lie - be uns zwei

38
F6 D♭9 F6 F7 B♭
— ew' - gen Mai.
Mein schwa - ches Herz lag in
Mein ar - mes Herz lag in
mf
42
F E E♭ D7 Gm
dei - nen star - ken Hän - - - - - - den,
dei - nen lie - ben Hän - - - - - - den,
und wir dach - ten, das
46
B♭ Gm7(♭5) G9 C7 F C7 F° F7 B♭ B♭m
Glück würd' nie - mals en - - - - den,
dort in dem klei - nen Haus am
3
p
rit.
51
F C7 F6 B♭9 F6
Mi - chi - gan - see,
einst im Mai...
vor - bei!

Er oder ich

Lied, 1928

Musik: Werner R. Heymann
Text: Langston Hughes

Maestoso

12
Em Am Am6 AmΔ7 A A6 AmΔ7 A6
um. Will mir ein Mes-ser kau - fen, zehn Zoll lang, schar - fer Schliff, will
17
Cm Cm6 Cm7 Cm6 Cm Cm6 B(♯5) B Em
auf die Stras-se lau - fen, das Mes-ser fest im Griff. Zehn Zoll tief geht ein Stich.
Largo
22
B(♯5) E A°/E
Er o-der ich. Nein, lie-ber in den gro-ßen Strom hi-nein._ Bis auf den Grund sind neun-und-
ff
mp

26
E°
F♯°/E
- acht-zig Fuß, viel schö-ner in so dunk-lem Was-ser sein bis auf den Grund von neun-und-
30
E°
D9
E
D9
- acht-zig Fuß. Tief ist das Was - ser und fließt still hi -
Noch langsamer werden
34
E
E
F♯m7(♭5)
B7
E
- naus. Viel Platz! Ein ar-mes schwar-zes Mäd-chen ruht sich aus.

Ein Freund, ein guter Freund

Aus dem Film "Die drei von der Tankstelle", 1930

Musik: Werner R. Heymann
Text: Robert Gilbert
Bearbeitung: Horst Kudritzki

Ab△7 Eb(b9) Ab Eb(b9) Ab△7 Eb(b9)
nah - men wir mit. So ging das Le - ben im Tau - mel zu dritt!
wen man ge - küsst, weil auch die Treu - e längst un - mo - dern ist!
C Gm7 C Gm7 C Gm7 C C7
Ü - ber das Meer, ü - ber das Land ha - ben wir ei - nes er - kannt: Ein
Ja, man ver - ließ man - che Ma - dam', wir a - ber hal - ten zu - samm'.
f
Refrain
F6 C7
Freund, ein gu - ter Freund, das ist das Schön - ste
F F#° C7 D7 Gm6
was es gibt auf der Welt. Ein Freund, bleibt im - mer

35
C7 F#° Gm6 G#° F/A C#7/G#
Freund, und wenn die gan - ze Welt zu - sam - men
40
Gm7 A7 Dm A
fällt. Drum sei doch nicht be - trübt,
ff
45
B♭ C° Gm7/D C9/E C7 F6
wenn dein Schatz dich nicht mehr liebt. Ein Freund, ein gu - ter
51
Dm G7 F/C B♭/C C7 F C7 F
Freund, das ist das Schön - ste was es gibt.

Lieber guter Herr Gerichtsvollzieher

Aus dem Film "Die drei von der Tankstelle", 1930

Musik: Werner R. Heymann
Text: Robert Gilbert

17
E♭ A♭
ach, wie wird's uns da zu - mut. Po - lo spie - len, Au - stern es - sen,
Fräu - lein Glück ist mit uns bös'. Geld al - lein macht auch nicht glück - lich,
20
E♭7/G A♭ A♭m
al - les müs - sen wir ver - ges - sen, ach, wie weh doch so - was tut. Wir hat - ten
a - ber hat man au - gen - blick - lich gar kein Geld, wird man ner - vös. Wir hab'n die
23
E♭ G♭° Fm7 B♭13 E♭ C7 Fm7 B♭7
Gut und Geld und Tau - sen - der - lei, nun ist das schö - ne Le - ben vor - bei. Statt
Ar - beit nur von wei - tem ge - seh'n, und auch von wei - tem war sie nicht schön. Zu -
27
E♭
Whis - ky gibt's jetzt Li - mo - na - de und statt Ka - viar Mar - me - la - de. Gro - ßer Gott, wir sind bank -
- rück! Na - nu, was soll das hei - ßen? Platz! Oh Gott, er will mich bei - ßen! Aus dem Haus! Wir geh'n schon

30
B♭7 E♭ Cm B♭7 E♭6
rott! Ku - kuck, Ku - kuck ruft's aus dem Wald.
raus.
35
E♭ B♭7 E♭
Lie - ber, gu - ter Herr Ge - richts - voll - zieh'r, geh'n se weg, Sie fin - den nichts bei mir. Ku - kuck,
Grave
40
Cm F9 B♭13 E♭6 E♭7 A♭
Ku - kuck, ruft's ach so bald aus dem Wald! Da sind wir schon, nur los, fes - te an - ge - faßt,
45
E♭7 A♭
weg mit der gan - zen Last. Platz da! Nun hau'n wir ran, mal ran mit der Mus - kel - kraft,

49
E♭7 A♭ E♭7 A♭ Cm G7
dann wird die Cho-se ge - schafft. Schau, schau, mein Sie-gel klebt hier an je-dem Stück, gleich auf den ers-ten Blick
54
Cm B♭7 E♭ B♭7 E♭ G7
sieht man's: Der Plei - te - gei - er krächtzt "Lie - ber Au - gus - tin", al - les, ach, al - les ist hin. Hau
59
D7/9♭ D7 Gm B♭7
ruck! A - de, ge - lieb - tes Ca - na - pe, wer weiss, wann ich dich wie - der-seh'! Hau
63
F7/9♭ F7 B♭m E♭7
ruck! A - de, ge - lieb - ter Sil - ber-schrank, ich denk' an dich ein Le - ben lang! Hau

67
Bb(b9) Bb7 Ebm A°
ruck! Sie neh - men auch den Tep - pich mit. Wer weiss, wer ihn mit Fü - ßen tritt! Sie
71
Bb A° Bb A° Bb A° Bb Cb/A Bb Cb/A Bb Cb/A Bb Cb/A Bb Bb7(#5)
rit.
D.S. al Coda
las - sen nur die Mau - ern steh'n und wir, wir müs - sen stem - peln geh'n!
Walzer Tempo
76
Eb Bb7
Lie - ber, gu - ter Herr Ge - richts - voll - zieh'r, geh'n se weg, Sie fin - den
Mosso
82
Eb Eb Cm F9 Bb7 Eb6
nichts bei mir. Ku - kuck, ku - kuck, jetzt wei - chen wir der Ge - walt!

Das ist die Liebe der Matrosen

Marsch-Foxtrott aus dem Film "Bomben auf Monte Carlo", 1931

Musik: Werner R. Heymann
Text: Robert Gilbert
Bearbeitung: Horst Kudritzki

25 D7 G G#° D7 G A7 D
-woll, Herr Ka - pi - tän! Ja - woll, Herr Ka - pi - tän! Und hast du ei - ne Fee, dann
-woll, Herr Ka - pi - tän! Ja - woll, Herr Ka - pi - tän! Wenn dich die Trä - nen rühr'n, dann
31 A7 D A7 D A7 D D7
schreib ihr: Schatz, a - de! Ich muss mal e - ben rü - ber zum Ti - ti - ca - ca - see! Das
schwör's mit tau - send Schwür'n: Ich muss mal am Ä - qua - tor die Li - nie frisch lak - kier'n!
f
Refrain
37 G D7
ist die Lie - be der Ma - tro - - - sen! Auf die Dau - er, lie - ber Schatz, ist mein
43 G D7 G
Herz kein An - ker - platz. Es blüh'n an al - len Küs - ten Ro - - - sen, und für

49
D7 G G7 C
je - de gibt es tau - send-fach Er - satz! Man kann so süß im Ha - fen
55
G G7 C G/B B♭° D7/A D7
schla - fen, doch heißt es bald auf Wie - der - seh'n! Das
f
61
G Dm E7 Cm/E♭
ist die Lie - be der Ma - tro - - - - sen, von dem kleins - ten und ge -
66
G/D D7 1. G D7 2. G Fine
meins - ten Mann bis rauf zum Ka - pi - tän! 2.Von tän! Nachts um 10.
ff

Since 1931 movies could not yet be dubbed, UFA shot the film "Bomben auf Monte Carlo" with French actors as "Le Capitaine Craddock". Henri Garat sang the French version of "Das ist die Liebe der Matrosen" as "Les Gars de la marine", which became the unofficial anthem of the French Navy.

Da 1931 noch nicht synchronisiert werden konnte, drehte die UFA den Film „Bomben auf Monte Carlo" mit französischen Schauspielern als „Le Capitaine Craddock". Henri Garat sang darin die französische Fassung von „Das ist die Liebe der Matrosen" als „Les Gars de la marine", die zur inoffiziellen Hymne der französischen Marine wurde.

Eine Nacht in Monte Carlo

Aus dem Film "Bomben auf Monte Carlo", 1931

Musik: Werner R. Heymann
Text: Walter Reisch
Bearbeitung: Horst Kudritzki

17
F7/E♭
B♭m/D♭
Fm/C D♭7
G7/D C7/E
F
Refrain
Glück und sag-te: "Nun wünsch' dir was!" Dann wünscht' ich mir nur das:
Mit-tel mehr ich am Mit-tel-meer, eins bleibt doch mein Be-gehr:
Ei-ne Nacht in Mon-te
21
F
C7
F
Dm
Car-lo möcht' ich wan-deln un-ter Pal-men mit dir! Siehst du vor Pal-men den Him-mel nicht,
26
G7
C7
E♭7
C7/E
F
F7
hast du den Him-mel bei mir! Ei-ne Nacht in Mon-te Car-lo möcht' ich ler-nen un-ter
31
B♭
D7
Gm
D♭7(♯5)
C9sus
C7
F
C7 F
Ster-nen, wie schön es ist, wenn man ei-ne küsst, die man nie ver-gisst!

Wenn der Wind weht...

Aus dem Film "Bomben auf Monte Carlo", 1931

Musik: Werner R. Heymann
Text: Robert Gilbert
Bearbeitung: K. R. Brachtel

Eb/Bb Bb7(#5) G7(#5) C9 F7/13 Bb9 Eb Eb7 AbΔ7 Abm/F Gm7 Gm7(b5) C7
Lied in die Hei - - - mat. Trägt es zu dir, fragt dich von mir,
Fm7 Eb/Bb Bb7(#5) Eb D7 Gm D7(#5) Gm7 C7
wie es dir geht in der Hei - - mat. Sag-test mir einst, du liebst mich so
Gm7 C7 F9sus F(b9) F7 Bb9sus Bb9 Bb(b9) Eb Eb7
sehr. A - ber wer weiß, heut' weißt du's nicht mehr? Wenn der Wind
AbΔ7 Abm/F Gm7 Gm7(b5) C7 Fm7 Eb/Bb Bb7(#5) Eb6/9
weht, träum' ich da - bei, Mä-del, ich träum', du bist treu!
f p mf f p mf f fp pp
Ped.
8b-1

Pontenero

Aus dem Film "Bomben auf Monte Carlo", 1931

Musik: Werner R. Heymann
Text: Robert Gilbert
Bearbeitung: Gérard Jacobson

22 C G7
Ki - Ka - Kö - ni - gin von Pon - te - ne - ro hat nichts im Kopf und nichts im Porte - mo -
28 C G7 C G7 C
- nai - ro! Für sie kämpft kein To - re - ro, und glüht kein Ca - bal - le - ro, im
34 B7 Em D7 G7 C
Lan - de Pon - te - ne - ro ist je - der ein Schnor - re - ro! Drum kommt kein Kö - nig hin nach Pon - te -
40 G7 C G7 C
- ne - ro zur Ki - - - Ka - Kö - ni - gin, o welch Mal - heu - ro!
8b

Frag nicht wie, frag nicht wo

Aus dem Film "Ihre Hoheit befiehlt", 1931

Musik: Werner R. Heymann
Text: Ernst Neubach
Bearbeitung: Gérard Jacobson

B♭ B°7 F/C D7 Gm
Wal - zer - takt hat mich ein Rausch ge - packt, ich muss Dir na - he sein,
Gruß von Dir ist wie ein Kuss von Dir und je - der Hän - de - druck
poco rit.
a tempo
D/F♯ F♯ C7 F/A D♭7/A♭ Gm7 C7 F
nur Dir al - lein! Le - ge Dei - ne Hand sanft in mei - ne Hand,
sagt mir ge - nug! All' mein Den - ken gilt Dei - nem süs - sen Bild,
rit.
Refrain
D7 Gm C13 F C molto espr. CΔ7
ich bin glück - lich, weil ich Dich fand.
weil mein heis - ses Herz ü - ber - quillt.
Frag' nicht wie, frag' nicht wo, denn ich
C6 C C/E G7
lie - be Dich so, wie noch kei - ner Dich je - mals ge - liebt. Sieh mich

49 Dm Dm7 Dm6 Dm G7
an, schau nicht fort, halt mich fest, sag kein Wort, weil es Stun - den wie die nie mehr
55 C C CΔ7 C6 C B♭
gibt. Nimm das Glück, das Dir winkt, wenn der Wal - zer er - klingt, dann ent - schwin - det die
62 A7 Dm A♭7(♯11) C/G F E7
Um - welt im Nu. Frag' nicht wo, frag' nicht wie, Me - lo - die fliegt uns
68 Am D9 ritenuto G9sus G7 1. C F/A D♭7/A♭ 2. C
zu! Sag nicht ja, sag nicht nein, sag nur Du! 2. Der die Du!

Das gibt's nur einmal...

Lied und Foxtrott aus dem Film "Der Kongress tanzt", 1932

Musik: Werner R. Heymann
Text: Robert Gilbert
Bearbeitung: Walter Franz

26
A♭ A♭m E♭ D♭6 C7 F9 F13
Heut' wer-den al-le Mär-chen wahr! Heut' wird mir ei-nes
Dann ist der Him-mel nicht mehr blau! Dann weißt du's ganz ge-
Refrain
32
B♭7 A♭m/C♭ B♭7 E♭
klar: Das gibt's nur ein-mal, das kommt nicht wie-der, das ist zu
-nau:
38
A♭ E♭ B♭7 E♭
schön, um wahr zu sein! So wie ein Wun-der fällt auf uns nie-der
45
Cm7 F7 B♭7
vom Pa-ra-dies ein gold'-ner Schein! Das gibt's nur

50
E♭ A♭ G
ein - mal, das kommt nicht wie - der, das ist viel - leicht nur Träu - me - rei!
57
C7(♭13) Fm A♭m E♭ B♭7 E°/B♭ B♭7 F°/B♭
Das kann das Le - ben nur ein-mal ge - ben,
viel - leicht ist's mor - gen schon vor - bei!
und was vor - bei ist, ist vor - bei!
64
E♭ E♭7 A♭ A♭m E♭ C♭7
Das kann das Le - ben nur ein-mal ge - ben, denn je - der
70
E♭6/B♭ F9 B♭7 E♭ E♭°7 B♭/F B9 B♭13 E♭ E♭6
Früh-ling hat nur ei - nen Mai!
Mai!
1.
2.

Irgendwo auf der Welt

Aus dem Film "Ein blonder Traum", 1932

Musik: Werner R. Heymann
Text: Robert Gilbert / Werner R. Heymann
Bearbeitung: Horst Kudritzki

C7 Fm C Fm C
sein! Ta - ge und Näch - te wart' ich da - rauf,
sein. Wenn mich das Schick - sal ein - mal ver - wöhnt,
A7/5♯ D9 G7sus G7 N.C.
Refrain
C
ich geb' die Hoff - nung nie - mals auf!
hab' ich mich nicht um - sonst ge - sehnt.
Ir - gend - wo auf der
G7/D C/E F/A A♭7 C/G G7
Welt gibt's ein klei - nes biss - chen Glück, und ich träum' da - von in je - dem Au - gen -
C F7 C N.C. C G7/D C/E
- blick. Ir - gend - wo auf der Welt gibt's ein biss - chen Se - lig -

F/A A♭7 C/G G7 C F7 C C7
keit, und ich träum' da - von schon lan - ge, lan - ge Zeit. Wenn ich
mf
F Fm F C Am A♭7
wüsst', wo das ist, ging' ich in die Welt hin - ein, denn ich möcht' ein - mal recht so von
G7 G° G7 N.C. C G7/D C/E E7
Her - zen glück - lich sein. Ir - gend - wo auf der Welt fängt der Weg zum Him - mel
p
riten.
Am F C A7/5♯ Dm G7 C F7 C6/9
an. Ir - gend - wo, ir - gend - wie, ir - gend - wann!

Illustrierter Filmkurier no. 1834 on the film »Ein blonder Traum« in which Lilian Harvey sang »Irgendwo auf der Welt«. Also pictured were Willy Fritsch, Willi Forst, Paul Hörbiger.

Illustrierter Filmkurier Nr. 1834 zum Film „Ein blonder Traum“, in dem Lilian Harvey „Irgendwo auf der Welt“ sang. Mit von der Partie waren die ebenfalls abgebildeten Willy Fritsch, Willi Forst, Paul Hörbiger.

Alles verstehen heißt alles verzeih'n

Lied und Ländler aus dem Film "Ein blonder Traum", 1932

Musik: Werner R. Heymann
Text: Walter Reisch
Bearbeitung: Gérard Jacobson

3. Kommt man so in die Jahre, dann wird's einem klar, was für ein Esel man früher mal war;
wie man sich wegen Liebe das Leben erschwert. Was man auch machte, man macht' es verkehrt.
Heute hat man leicht klüger sein, nur junge Leute die fallen noch rein.
Lass sie gehen und red' nicht d'rein! Alles verstehen heißt alles verzeih'n.

4. Weißt du, was sich ein Mädel im Innern so denkt, ehe sie wirklich ihr Herz mal verschenkt.
Weißt du, warum sie gerade den einen nur nimmt, nicht einmal sie weiß das ganz so bestimmt.
Wenn du dann bloß der and're bist, ist es wohl besser, dass du sie vergisst.
Lass sie gehen und red' nicht d'rein! Alles verstehen heißt alles verzeih'n.

5. Eins hat sich nicht geändert im Laufe der Zeit, Jugend im Frühling war niemals gescheit!
Haltlos in ihrer Liebe und haltlos im Hass, selbst auf zwei Freunde ist nicht mehr Verlass.
Da will jeder der Sieger sein, möchte das Mädel für sich nur allein.
Lass sie gehen und red' nicht d'rein! Alles verstehen heißt alles verzeih'n.

Einmal schafft's jeder

Marschlied und Foxtrott aus dem Film "Ein blonder Traum", 1932

Musik: Werner R. Heymann
Text: Walter Reisch
Bearbeitung: Gérard Jacobson

25 F B7 C/E A7 Dm G7
-za - gen nicht und wir kla - gen nicht, wenn man uns die Hoff - nung
jetzt be - ginnt erst der Kampf, mein Kind, du bist dei - nes Glü - ckes
31 C C/E F B7 Em A7
läßt. Da - rum mit - mar - schier'n, nicht den Kopf ver - lier'n, denn das
Schmied. Im - mer hoch den Kopf, fass' dich selbst beim Schopf und ver-
37 G/D D7 G7 C Refrain F
ei - ne, das steht fest!
- gißß nicht un - ser Lied:
Ein - - - mal schafft's je - - -
44 F6 F7 C/E A7 Dm G7 C D7/A Ab7(#11) G7 C
- der! Je - der kommt dran, wenn er wirk - lich was kann. Ein - - -

50
Am
Cm6/E♭
G/D
D9sus
D7
-mal schafft's je - - - - - der! Nur auf dich selbst kommt es
55
G
F
E7
an! Zeig' dem Le - ben frech die Zäh - - - - ne,
mf
cresc.
61
Am
D7
G7
C
CΔ7
C7
mal hat je - der sei - ne Sträh - - - - ne! Ein - - - - mal schafft's
f
67
F
D7
C/G
G9sus
G7
C
je - - - - - der! Je - der kommt dran, der was kann!
fz

Wenn ich Sonntags in mein Kino geh'...

Aus dem Film "Ich bei Tag und du bei Nacht", 1932

Musik: Werner R. Heymann
Text: Robert Gilbert / Werner R. Heymann
Bearbeitung: Gérard Jacobson

Refrain
Am D7 G Am D7 G N.C.
dann und wann ein klei - ner Schim-mer des Lichts. Wenn ich sonn - tags in mein
geh'n, dann steh'n die Schlack-wurst - stul - len zu Haus.
C6 D13 G7
Ki - no geh', und im Film die fei-nen Leu - te seh', denk' ich im-mer wie-der: Könnt' ich mal, ach
G9sus G(♯5) C6 C♯° G7 N.C. C6
könnt' ich mal ge - nau so glück - lich sein! Al - le Ta - ge Sekt und Ka - vi - ar und ein Au - to und ein
D13 C/G Am Em G7
Schloss so - gar, so was wünsch' ich mir schon lang in mei - nen kühn - sten Träu - me -

35
C F C C(♯5) F6 Fm C
- rei'n. Auf dem fünf-und-sieb-zig Pfen - nig-Platz sehn' ich mich nach ei - nem sü - ßen Schatz,
40
D7 G7 N.C.
der ge-nau-so wie im Film am Schluß mich glück-lich ma-chen muß! Wenn ich sonn-tags in mein
45
C6 D13
Ki - no geh', und den Him - mel vol - ler Gei - gen seh', träum' ich noch am Mon - tag
49
C/E A7 D7 G7 C 1. C♯° G7 2. G(♯5) C
früh: Ein-mal le-ben so wie die, doch zu so-was kommt man nie!

Uns kann keiner!

Aus dem Film "Ich bei Tag und du bei Nacht", 1932

Musik: Werner R. Heymann
Text: Robert Gilbert
Bearbeitung: Gérard Jacobson

Refrain
24 D7 G D7 G E7(#5) Am E7 Am
Arm!"
Welt! Uns kann kei - ner, uns kann kei - ner! Denn wir sind ja jung und schön!
geh'n!
32 D7 Am D7 G C G6
Uns kann je - der, uns kann je - der, durch die Lu - pe be - seh'n! Nie - mand
41 G/F# G/F C/E Cm6/Eb G/D A9 D7 D7/F# G
hält uns, es ge - fällt uns ü - ber - all so wie hier! Uns kann kei -
50 G7/F C C#° G/D D9sus D7 G
- ner, nicht mal ei - - - ner, der mehr Geld hat als wir!
1. 2.
2. Kein
3. Wir

Gnäd'ge Frau, komm und spiel mit mir...

Aus dem Film "Quick", 1932

Musik: Werner R. Heymann
Text: Robert Liebmann
Bearbeitung: Gérard Jacobson

14
C G(♯5) C C♯° G7/D
sitzt ihr hoch - be - glückt! Und ihr spürt die Sen - sa - tion, wie euch der Quick er - quickt!
ist ja nur ein Scherz! Und ein klei - ner Ab - schieds - brief zer - reisst noch nicht das Herz!
17
C G7 C E7 Am F♯°7 C/G N.C.
Wenn 'ne schö - ne Frau mir winkt, dann kommt mein klei - ner Trick. Hal - loh!
Sieh mich nicht so trau - rig an mit trä - nen - vol - lem Blick. Leb wohl! Es hat mich sehr ge - freut! A -
m.s.
20
G7 C G7 C
Hier Quick! Je - de Frau, die et - was auf sich hält, kommt her und weiss ge - nau, sie kriegt was
- dieu! Dein Quick! Ist die Welt auch noch so blöd und trist, ich bitt' euch, pfeift auf's Geld und seid ver -
24
G7
für ihr Geld! Ich bin zwar lei - der kein Te - nor, doch leiht mir eu - er Ohr und hört mir
liebt und küsst! Was küm - mert euch der gan - ze Kitt! Gebt der Welt 'nen Tritt und macht mir's

Refrain
27 Am D7 G7 N.C. Em F A7
zu, ich sing' euch was vor!
nach und singt al - le mit:
Gnäd'-ge Frau, komm und spiel' mit mir! Wa-rum bist du so kühl mit mir?
p
32 Dm Fm6 C/G N.C. Ab7 G7
Und so heiss ist dein Blick! Wenn du mich ha - ben willst, du süs - ser klei - ner Af - fe! Dann komm doch zu
36 C N.C. Em F A7 Dm Dm7(b5)
mir. Da-bei brauchst du nicht treu zu sein! Da-bei brauchst du nur neu zu sein! Da-für bin ich der
41 C/G N.C. Ab7 G7 C Em
Quick. Willst du nicht geh'n in ein dis-kre - tes klei - nes Ca - fé!?! Ich ge-he mit dir ein-mal glück-lich auf
dolce

45
E° Em E♭ Em C♯°
Stun - den sein, ein-mal se-lig ge - bun - den sein und dann wie-der ver -
49
G/D D9sus D7 G7 N.C. Em
- schwun-den sein, das ist das Glück! Gnäd'-ge Frau, komm und spiel' mit mir!
54
F A7 Dm Fm6 C/G N.C.
Wa-rum bist du so kühl mit mir, es gibt doch kein Zu - rück! Mein klei - ner Kuss ist mei - ne
58
1. A♭7 G7 C 2. G7 F7 C6
al - ler-be - ste Waf - fe! Da bin ich, dein Quick. Da bin ich der Quick!
sf
f

Wir tanzen ein und sehen aus!

Lied und Tango aus dem Film "Der Sieger", 1932

Musik: Werner R. Heymann
Text: Max Kolpe
Bearbeitung: Gérard Jacobson

19
Em7(♭5) A7 D N.C. D D6 F°
Ti - sche der Da - men zu flit - zen. Wir tan - zen ein, und se - hen aus, so
23
A7/E D D6 Bm6
schön. Schön seh'n wir aus! Wir lä - cheln ga - lant! Und tan - zen ver - gnügt. Und
27
F♯ G♯m7 C♯7 F♯ D♯° A7 D6 D♯° A/E E7
wenn die Da - me auch zwei Zent - ner wiegt. Und ha - ben wir Schwein, läßt sie sich zu Haus den al - ler - neu - sten
32
A7 N.C. D E9 F° A7/E A7 D
Rum - ba zei - gen. Wir tan - zen ein und se - hen aus. Der Rest ist Schwei - gen.

Saison in Kairo

Aus dem Film "Saison in Kairo", 1933

Musik: Werner R. Heymann
Text: Robert Gilbert

26
C7sus C7 F C(♯5) F A(♯5) Dm G7
ein ein-zi-ges Mal! Das ist die Sehn - sucht von al-len Pär - chen, das zu er -
33
F/C Am7 C7/G F Am A♭
-le - ben ein ein-zi-ges Mal! Die gros-sen Wun - der aus al-ten Ta - gen,
40
C/G G7 C C7 F
die klei-nen Men - schen voll Lust und Leid! Sai-son in Kai - ro,
46
A(♯5) Dm G7 F6 Am D7 G7 C7 F6 C7 F
heisst die Fa-ta Mor-ga - na, die je-dem Her-zen schenkt ein Stück-chen E-wig - keit!

Mir ist so, ich weiß nicht wie...

Aus dem Film "Saison in Kairo", 1933

Musik: Werner R. Heymann
Text: Robert Gilbert

21 B♭△7 B♭m C7 F A/E E7
selbst nicht mehr und ich fürcht' mich sehr. Wie kann man plötz - lich nur, so ganz ver -
sel - ber gleich durch ein Mär - chen - reich. Mich ruft ein Zau - ber - lied, aus fer - nem
27 A A♭7 C/G G7 C C° C7
Refrain
- rannt sein, dass man den Kopf ver - liert? Was ist pas - siert?
Lan - de, das lockt bei je - dem Schritt komm mit, komm mit!
Mir ist so, ich
p
33 F6 C7 F D♭7 F6 F6 D7
weiß nicht wie, ich könnt' mich heut' ver - lie - ben. Mir ist so, ich weiß nicht wie, das
38 Gm C7 F6 F7 B♭ F(♯5)/A G♯° E7 Am Em/G
liegt so in der Luft. Heu - te schon den gan - zen Tag pocht mein Herz mit je - dem Schlag,

44 F♯7 D7 Gm D/A Gm/B♭ G7/B C7 F6
dass ich zu mir sel-ber sag': das ist ü-ber-trie-ben. Mir ist so, ich weiß nicht wie, ich
50 C7 F D♭7 F6 F D7 Gm C7 A7/E E♭7(♯11)
könnt' mich heut' ver-lie-ben. Mir ist so, ich weiß nicht wie, doch kann ich nichts da-für.
56 D7 D7/C Gm/B♭ B♭m6/D♭ C7 C♯° Dm G7
Al-les sieht so an-ders aus, und ich fra-ge mich was wird da-raus!
1. Mir ist so, ich
2. Mir ist so, ich
fp
fp
61 F/C Dm/A Gm7 C7
1. F F7 B♭m6 F F♯°
2. F F7 B♭m6 F
weiß nicht wie, ich glaub' ich bleib' zu Haus! Ich muss in's
weiß nicht wie, Heut' hab' ich Angst vor mir.
sf

Amusez-vous

Aus der Operette “Florestan Ier, Prince de Monaco”, 1933

Musik: Werner R. Heymann
Text: Sacha Guitry
Bearbeitung: François J.C. Salabert / Albert Willemetz

Tempo di Foxtrott

20
Am Bb G#°7 F/A
se r'pos' - rait! Et vrai - ment, quell' joie sou - ve - rain - e, quand on est prince de
24
F#°7 Gm D7 Gm B°7 C7
Mo - na - co, de pou - voir dire à tous ceux qui vienn'nt, de Londres ou bien de Chi - ca - go... A -
Refrain
29
F C7 F
- mu - sez - vous, fou - tez - vous d'tout! la vie, en - tre nous, est si brè - - -
36
C7
- ve. A - mu - sez - vous, com - me des fous! La vie est si courte, a - près

rit. a tempo
43 F Bb F/C F /E
tout. Car l'on n'est pas i - ci pour se fair' du sou - ci, on n'est pas
49 Dm G7 C7 F
i - ci - bas pour se faire du tra - cas! a - mu - sez - vous, fou -
55 C7 F
- tez - vous d'tout! La vie pas - se - ra comme un rê - - - ve... Fait's les cent
62 C7 F C7 F
coups, dé - pen - sez tout, pre - nez la vie par le bon bout... Et zou!

2 Pour que les gens voient tout en rose,
Ou tout en bleu à Monaco,
La premièr' chose qui s 'impose,
Est d' supprimer tous les impôts!
Car, dans la comédie humaine
Où tous les rôl' s ont leur raison
Il n' en est qu' un seul qui me gêne
Oui, c'est le rôl' des contributions
Pour un Roi, quell' joie adorable
Quelle charmante innovation
De pouvoir, à tous ses contribuabl's,
Envoyer cette sommation...

au Refrain

3 Pour que la vie soit toujours belle,
Ah! que j' aim'rais un quotidien
Qui n' annonc'rait qu'des bonnes nouvelles,
Et vous dirait que tout va bien!
Pour ne montrer qu' les avantag's,
Au lieu d'apprendre les décès,
On apprendrait les héritages,
C'est la mêm' chose et c'est plus gai...
Pour remplacer les journaux tristes,
Que ca serait consolateur
De lancer un journal optimist'
Qui dirait à tous ses lecteurs...

au Refrain

4 Pour' l'instruction, c'est la mêm' chose;
On vous apprend l'Asie mineur
La règl' de trois, rosa la rose,
On n'apprend pas ce qu'est l'bonheur!
On vous prépare à être notaire,
A êtr' soldat, mais c'est curieux,
Il n'est pas une écol' sur terre
Ou l'on prépare à être heureux!
Au lieu d'leur enseigner les cols
Des Alpes ou le cours de l'Allier
Que j aimerais un maître d'écol'
Qui dirait à ses écoliers ...

au Refrain

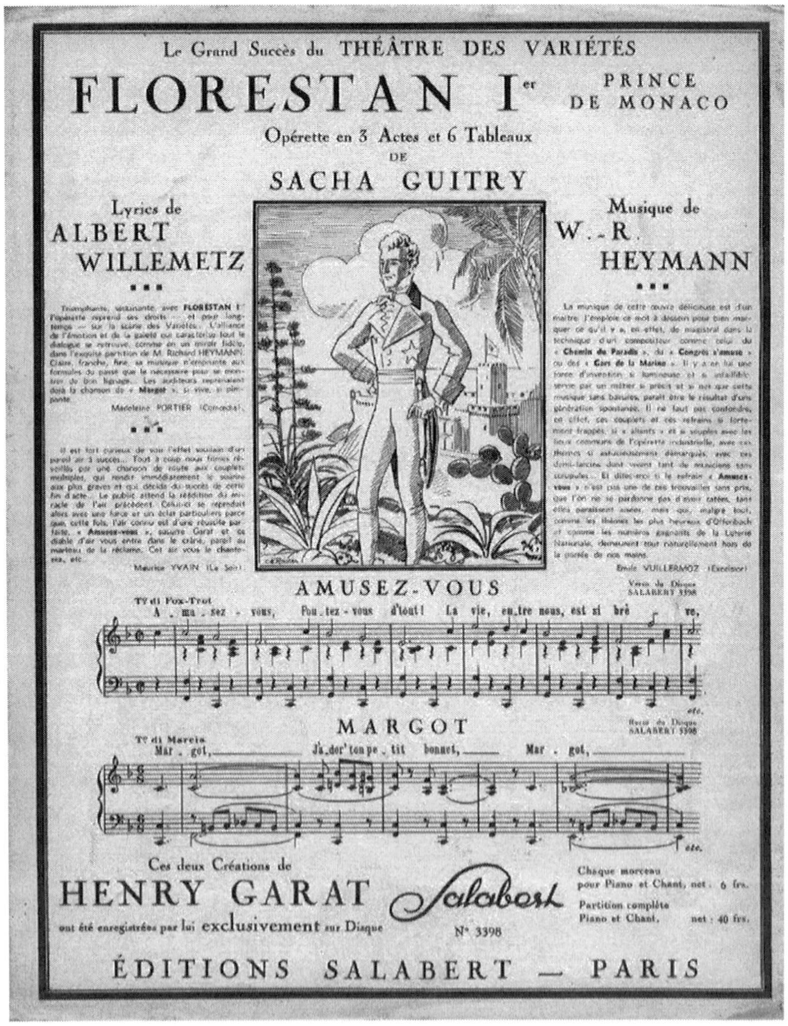

Advertisement for the printed sheet music for the operetta »Florestan Ier, Prince de Monaco« with special reference to »Amusez-vous« and »Margot«.
Werbung für die Notendrucke zur Operette »Florestan Ier, Prince de Monaco« mit besonderem Hinweis auf »Amusez-vous« und »Margot«.

Margot

Aus der Operette "Florestan Ier, Prince de Monaco", 1933

Musik: Werner R. Heymann
Text: Albert Willemetz

Refrain
25 F C7 F C7
-got, j'a-dor' ton pe - tit bon-net. Mar - got, Ton bon-net blanc si co-quet. Il
33 F C7 F F7
est ma joie et mon seul bon-heur, A lui j'ai don-né tout mon cœur, Mais
41 B♭ G♯° F D7/F♯ Gm G9/B C7 F
quand le pe-tit ton - du me dit: "Suis - moi, suis-moi, mon pe - tit," Je l'suis,
50 C7 F 1. 2.
tout prêt à don-ner ma vie. Mar - got, pour son pe-tit cha - peau. Tout

2) Tout seul à Marengo,
Ayant pris une redoute,
Je pensais: "Je pourrai sans doute
Aller revoir Margot."
Mais l'Empereur m'a dit:
"Il faut partir pour l'Espagne,
Il faut nous remettre en campagne."
Et je suis reparti…

3) Ayant pris deux drapeaux
Au siège de Saragosse,
J'espérai, le cœur à la noce
Pouvoir revoir Margot!
Mais l'Empereur m'a dit:
"Allons, nous battre en Autriche
Metternich veut m' jouer des niches"
Et je suis reparti…

4) Ayant pris trois canons,
Je croyais, l'soir d'Austerlitz,
Qu'on me laisserait, quel delice!
Rejoindre Margoton.
Mais l'Empereur m'a dit:
"Partons battre les Cosaques,
Reprends ton fusil et ton sac..."
Et je suis reparti!...

5) A la bataill' d' Eylau,
Ayant pris trente Cosaques;
Je rêvais, le soir au bivouac,
D'embrasser ma Margot.
Mais l'Empereur m'a dit:
"Faut battre les Moscovites ...
A Moscou, partons, partons vite"
Et je suis reparti!...

6) Voilà dix ans bientôt,
Que voltigeur je voltige;
J'ai vu le Danube et l' Adige
Je n'ai pas vu Margot
Et quand j'suis embêté
Je m'dis fumant ma bouffarde:
"C'est forcé qu'étant dans sa Garde,
Il désir nous garder..."

Werner Richard Heymann on the ship with which he left France and Europe at the end of 1936 to gain a foothold in the USA.
Werner Richard Heymann auf dem Schiff, mit dem er Ende 1936 Frankreich und Europa verließ, um in den USA Fuß zu fassen.

Ha-Cha-Cha

Aus dem Film "Caravan", 1934

Musik: Werner R. Heymann
Text: Gus Kahn

Refrain
G G7 C C#° Dm G
nice. It's up to you to do the Ha - cha - cha.
p-f
G7 C C#° Dm G
For an - y two can do the Ha - cha - cha.
D9 G7 C C7 F
From sim - ple dair - y maid to prin - cess it cap - tures ev' - ry -
A7 D7 G D7
-one. A lit - tle bit of it con - vinc - es that life is full of

36 G7 C G7
fun. The tu - bas blow so low, so oom - pah - pah. While all the
41 C C♯° Dm G D9 G7
danc - ers an - swer Ha - cha - cha. I know to
45 C C7 F Dm A7 Dm F♯°
hear it is to love it when you get in - to the spir - it of it.
49 C C♯° Dm G7 C G7 C
1. 2.
You will do the Ha - cha - cha too. It's up to too.

Tzinga-Doodle-Day

Aus dem Film "The Beloved Vagabond", 1936

Musik: Werner R. Heymann
Text: Arthur Wimperis

24
F7
B♭
F7
Am/E F7/E♭
you to stick to one or two things. Let ev'-ry-one
blind, and keep Dame Na-ture wait - - ing? Why should-n't you
cresc.
31
B♭/D F7/A Dm7(♭5)/A♭ G7
Cm
F7
B♭
un - der the sun en - joy their bit of fun.
try tea for two and see what you can do!
f
fz
Chorus
37
B♭7
mf
fz
E♭
fz
F7
All you need is just a lit-tle tzing - a-doo-dle - day, as oft - en as you
mf
fz
fz
42
B♭7
fz
E♭
B♭7
mf
may, say once or twice a day. Not too much but just a touch of
fz
mf

47
Eb F7 Bb7 Eb
fz fz f
tzing - a - doo - dle - day, and all your trou - bles fly a - way. You will get
53
G7 Cm F7
up the morn - ing aft - - - er, and drain the cup of life and
59
Bb C#° Bb7 Eb
mf fz
laugh - - - ter. Clouds you'll find are sil - ver lined, and ev' - ry - thing is
64
F7 Eb G7(#5) Cm C7 F9 Bb7 Eb Bb7 Eb
1. 2.
gay with tzing - a - doo - dle, tzing - a - doo - dle day by day. day.

For You

Aus dem Film "The King And The Chorus Girl", 1937

Musik: Werner R. Heymann
Text: Ted Koehler

21
Dm7 G7 Dm7 G7 C Am7 D7 G7
rall.
sum - mer ev - 'ry mo - ment I'd cling to you, sing to you. For
25
C F7 C6 B7
a tempo
you I'd see that your day - dreams would all come true. For
29
E A9 E E#°
mf
you there's noth - ing that I would - n't glad - ly do. A -
33
B7 EΔ7 E6 E#° F#m7 B7
- bove you there'd be noth - ing but heav - en's blue. To love you

38
F♯m7 B7 C D9 E C♯°7 Gm7(♭5)
would mean liv - ing my life for you. Eve - ry move you would
p
cresc.
42
G7 C♯° Gm7(♭5) G7 F♯° Cm7(♭5) C7
make, I would watch eve - ry step you take. You'd mean so much to me, eve - ry
sempre cresc
47
F♯° Cm7(♭5) C7 C(♯5) F B♭7 F6
dim.
beat of my heart would be for you. And then I would place you up - on a throne
ff
52
B/F♯ C6/G G7 C D9 D° Cadd9
and live for you a - - - lone!
mf

The Shop Around The Corner

Aus dem Film "The Shop Around The Corner", 1940

Musik: Werner R. Heymann
Text: Doris Mayer

21 C C7 FΔ9 Dm7/5♭ C/G G13
girl in the shop a-round the cor-ner with the kind of love-ap-
boy
25 C Dm G7 C6 G7 C
-peal, that makes me care. When I go
30 C7 FΔ9 Dm7/5♭ C/G G13 C Dm G7
to that shop a-round the cor-ner it's a-maz-ing how I feel, I walk on
35 C6 C7/B♭ E/B B7 E G♯7/D♯
air. When I'm with her, there's ro-mance in all I
him,

40 C♯m F♯7 G/D D7 G7
see, the lights in the store are stars to me. My heart's for
45 C C7 FΔ9 Dm7/5♭ C/G G7/13
sale in that shop a-round the cor-ner and the price is marked a-
49 Am D7 G7
1. C6 Am7 Dm7 G7
2. C C6
bove, it's just her his love. There's a love, it's
54 G7sus G7 C6 N.C.
just her his love!
8

Every Day Is A Holiday

Lied, 1949

Musik und Text:
Werner R. Heymann

21
A
A 5♯
D 7/F♯
E♭7
D 7(♯5)
G
thing that you do is en - chant - ing and new. Ev - 'ry day is a
p
mf
26
D 7
G
hol - i - day when you're in love, and your heart is a part - ner of the
31
B m7(♭5)
E 7
A m7
C m6/E♭
G/D
sun up a - bove, the world is all your pop - corn ball, for when you fall in
36
A 13
A m7
D 9sus
D 7
G
love, eve - ry day is a hol - i - - day.
8
ff

Monotonous Night

Lied, um 1949

Musik: Werner R. Heymann
Text: Langston Hughes

Through the vel - vet drapes the dark es - capes and the
ear - ly dawn comes in. And the mo - no - tone of my days a - lone
ham - mers through my head and I wish I were dead and I wish I were dead.
Slow, poco a poco accel.
For the night is burst - ing and the day is loud with the thun -

39
accel. sempre
- der of my pain. And that's no tick - tock of a ti - ny
45
rit.
clock. The sound is in my brain.
50
a tempo
gradually becoming waltz-tempo
Tick - tock no sleep tick - tock no friends
54
Piu mosso
tick - tock no love tick-tock no hope no sleep. Tick - tock no
gliss.

59
sleep tick - tock no friends tick - tock no
63
love tick-tock no hope no sleep. Tick - tock tick - tock
67
accel.
sleep, sleep, tick - tock tick - tock, sleep, sleep, tick - tock, tick - tock,
71
Largo ff
tick - tock, tick - tock, tick - tock, tick - tock, tick - tock, tick - tock sleep.

Die älteren Jahrgänge

Aus dem Bühnenstück “Professor Unrat”, 1952

Musik: Werner R. Heymann
Text: Robert Gilbert
Bearbeitung: Jochen Breuer

14
G7
heu - te nur nicht ein, dass ich Ih - rer Schön - heit we - gen aus dem De - colle - té platz',
Prei - sen an, da steht's! Manch - mal an der O - ber - flä - che schmeckt er zwar ver - wäs - sert,
17
Cm C7
Refrain
F6
nein, mir geht's schon lan - ge mit den Män - nern wie beim Wein: Mir lie - gen die äl - te - ren
doch so - lang' der Bo - den - satz nicht sau - er wird, dann geht's! Mir lie - gen die äl - te - ren
legato
20
C7 D7 Gm6
Jahr - gän - ge! Es kommt mir nicht an auf die Haar - län - ge und nicht auf die Na - se, die
Jahr - gän - ge! Es kommt mir nicht an auf die Haar - län - ge, es ist ja ge - wöhn - lich der
24
C7 F C7 F6
grie - chi - sche, beim Mann kommt mir's an auf das Psy - chi - sche! Ob schi - cke - re, di - cke - re,
Kah - le - re beim Zah - len der weit - aus Pau - scha - le - re. Und wenn ich die Nei - gung er -

28
C7 F F7 B♭6 D7 Gm7 B♭m6
dün-ne-re, ich le-ge mich schlicht auf das In-ne-re. Ja, Al-ter-chen, stimmst du mit
-wi-de-re, dann leg' ich mich schlicht auf's So-li-de-re und ist auch der Bua mal kein
32
F6/C G9/D C9 F /E♭ A/E
mir ü-ber-ein, könn-test zu-fäl-lig du fäl-lig sein. Und wenn auch die Jün-ge-ren
tau-fri-scher Boy, ei-ne Kneip-kur, schon wirkt er wie neu! Denn wenn auch die Jün-ge-ren
36
Bm7 E7 A6 A
"Ja" sa-gen, ich lass' mir nicht ger-ne "Ma-ma" sa-gen, das wär' ein Ap-peal oh-ne
"Ja" sa-gen, ich denk mir, was soll ich denn da sa-gen, falls mich so ein blut-jun-ger
40
Bm7 A/E E7 A alla Cadenza
Sex und ich hab' kei-nen Mut-ter-kom-plex! Ah, ah,
Geist mit dem noch lock'-ren Weis-heits-zahn beißt! Ah, ah,

husten beim 1. x
C7 F6
ah! ah! Mir lie - gen die äl - te - ren Jahr - gän - ge, ein
Mir lie - gen die äl - te - ren Jahr - gän - ge, ein
F7 Bb6 D7 Gm7 Bbm6 F6/C G9/D
Au - to hat auch meist' ein paar Gän - ge, und wenn's mal berg - ab geht, da - mit es gut ab - geht, da
Au - to hat auch meist' ein paar Gän - ge, und ist's ein ge - brauch - ter, der Wa - gen, dann raucht er! Da
C9 F D7 Gm7 Bbm6 F6/C G9/D
nimmt man den lang - sa - men Gang. Denn Lieb - ling, was soll das? Wer fährt schon mit Voll - gas die
nimmt man den lang - sa - men Gang. Denn Lieb - ling, was soll das? Wer fährt schon mit Voll - gas die
1. 2.
G C9 F C7 F G7 C9 G7 C9 F C7 F
lieb - li - che Herbst - land - schaft lang! lieb - li - che, son - ni - ge, tau - fri - sche Herbst - land - schaft lang.

Das Lied vom einsamen Mädchen

Aus dem Film "Alraune", 1952

Musik: Werner R. Heymann
Text: Robert Gilbert

3.Was blieb von ihrem Leben? Ein Lied, das niemand sang.
Sankt Peter ließ sie warten zwei Ewigkeiten lang.
Weil sie einsam war und so blond ihr Haar und ihr Herz so tot wie Stein.
Dann rief er: Armes Kind, komm, sollst nie mehr einsam sein.
Tra-la-le-ra, tra-la-le-ra, tra-la-le-ra, tra-la-la.

Heut' gefall' ich mir

Aus dem Film "Alraune", 1952

Musik: Werner R. Heymann
Text: Robert Gilbert

23 Cm Cm∆7 Cm7 F♯7/C♯ G7 G°7 F♯ G7
schön, ja, ein - fach wun - der - schön, und
29 Cm C E7 D° Dm7/5♭ G(♭9) C∆7 C7
wenn das je - der Mann sieht, kann ich ihn ver - steh'n.
36 C6 Cm7 F7 B♭∆ Gm6/B♭
Denn ich hab' das Ge - fühl, al - le lie - ben sie mich, und sie ha - ben nur
mf
42 A7 D6 Dm7 G7 C∆
eins im Sinn. Doch ich läch - le nur kühl, und dann fra - gen sie
3
3

48
Am6/C B7 E G7 Cm A♭
sich, ob ich nicht nur ein schö - ner Traum bin. Heut' ge -
p
54
F7 Fm7 Cm CmΔ7 Cm7 F♯7/C♯ G7 G° F♯ G7
- fall' ich mir, ja, heut' ge - fall' ich mir,
60
Cm C E7 D° Dm7(♭5) G(♭9) F°
doch was mir kei - ner an - - - sieht, ist die Angst in
poco rit.
67
C/E C7 Dm7(♭5) G(♭9) Cm6 Cm6/9
mir: Wie ge - fall' ich dir?

Ich bin Kiki

Aus dem musikalischen Lustspiel "Kiki vom Montmatre", 1954

Musik: Werner R. Heymann
Text: Robert Gilbert

32
G7(♯5) Am7 B7 Em /D /C /B Am D7
bit - te geh'n Sie doch sel-ber mal hin! Da, wo die Dä - cher bei-nah' so
f
41
G6 Bm/D Am D7 G6 Bm/D Am D7 G6
schief sind, dass schon kein Spatz mehr Platz dar-auf nimmt. Da, wo die Trep - pen so pri - mi - tiv sind,
rit. a tempo
50
Bm/D Am Am6 B7 N.C. Em Bm7 Em A9
dass sie kein Geld - brief - trä-ger er - klimmt, da wuchs ich auf als klei - nes Wurm, heut' bin ich
mp
59
D Am7 D G7 (♯5) C G7(♯5) Am7 B7
auch kein Eif - fel - turm, a - ber das Pünkt - chen auf dem 'I', das bin ich, die Ki -

un poco piu mosso
67
E /D♯ /C♯ /B E
- ki! Denn mein Mut, der ist groß und ich sa - ge mir "los", wenn die
mf
mp
75
B7
Chan-ce mal da ist, dann pack' sie! Ist der Glücks-stern auch weit, geh' zu Fuss, lass dir Zeit, wenn das
83
E B13 E B13
Klein-geld zu klein ist fürs Ta - xi! Denn ich bin ziem-lich frech, doch ich ha-be das Pech, und das
rit. poco a poco
91
E7 C♯(♭9) F♯m F♯m7(♭5) Em/B B7
mer - ken Sie auch nach 'nem Weil - chen, nur nach aus - sen o - le! bin ich ganz Or - chi -
f

98 C#° F#7(b9) C7 Em/B B7 N.C. Em Bm7 Em
-dee, a-ber in-ner-lich bleib' ich ein Veil-chen. Ich bin Ki - ki, so nennt man mich,
106 A7 D Am7 D G7 C G7(#5) Am7
und in Pa-ris, da kennt man mich, wenn ich auch lang' nicht so pom-pös wie die
114 B7 Em /D /C /B Em Bm7 Em A7
Pom-pa-dour bin! A-ber mich kennt der Bou-le-vard, wo mei-ne
123 Dm Am7 D G7 C G7(#5) Am7 B7
Kin-der-schu-le war. Wenn Sie's nicht glau-ben, bit-te geh'n Sie doch sel-ber mal

131 Em /D /C /B Am D7 G6 Am
hin! Da, wo die Dä - cher bei-nah' so schief sind, dass schon kein Spatz mehr
rit.
140 D7 G6 Am D7 G6 Am F♯m7(♭5)
Platz dar-auf nimmt. Da, wo die Trep - pen so pri-mi - tiv sind, dass sie kein Geld - brief - trä-ger er -
a tempo
149 B7 N.C. Em Bm7 Em A9 D Am7 D
- klimmt, da wuchs ich auf, Ki - ki, das Kind, und weil Sie jetzt im Bil - de sind,
mf
rit. poco a poco
accel.
158 G7 C G7/5♯ Am7 B7 Em C7 Em
zieh' ich mich wie - der still zu - rück, weil das Stück jetzt be - ginnt!
p
8b

Werner Richard Heymann: Autograph work “Auftrittslied Kiki” from the musical comedy “Kiki vom Montmartre”, Werner Richard Heymann Archive, no. 353, Academy of Arts, Berlin

Werner Richard Heymann: Werkautograph „Auftrittslied Kiki“ aus dem musikalischen Lustspiel „Kiki vom Montmartre“, Werner Richard Heymann-Archiv, Nr. 353, Akademie der Künste, Berlin

Ich will nicht morgen schon dein Gestern sein...

Aus dem musikalischen Lustspiel "Kiki vom Montmartre", 1954

Musik: Werner R. Heymann
Text: Robert Gilbert

14
D♭
A7
möch - te all - ge - mein auch die klein - ste Ster - nen - schnup - pe wie ein
Herr - chen ruft: "Husch, husch!" Na, wer macht nach ei - nem Stünd - chen wie ein
p
16
D♭
C7
F
F°
Star be - han - delt sein! Ja, fällt man so ins Haus mit der Tür, sag' ich: "Hin - aus!" Und ich
klei - nes Hünd - chen kusch? Nein, nein, ich sa - ge dann: "Du bist Luft für mich als Mann", wenn ich
mf
Refrain
19
C7
poco rit.
F
C7
F
F♯°
drü - cke mich dann mög - lichst deut - lich aus: Ich will nicht mor - gen schon dein
oh - ne Luft auch sonst nicht le - ben kann!
espr.
p
22
C7
F
C7
Ge - stern sein, dann lie - ber gar nicht. Dann lie - ber gar nicht! Bin ich nicht

25
F D7 Gm B♭m/D♭ F/C
Tag und Nacht dein Son-nen-schein, dann lie-ber gar nicht! Dann lie-ber
28
F F7 B♭ E/G♯ F/A F D7
gar nicht! Ich bin doch kei-ne Zieh-har-mo-ni-ka, die gleich für
f
31
Gm G7 C7 F F7
je-den spielt: "Der Lenz ist da!" Wenn du mich jetzt nur liebst und näch-stes
p
34
B♭ B♭m/D♭ F/C C7 F
Jahr nicht, dann lie-ber gar nicht, dann lie-ber gar nicht.
sfz

Das Spiel beginnt

Aus dem Musical-Projekt "Bomben auf Mente Carlo", 1959

Musik: Werner R. Heymann
Text: Robert Gilbert

23 A♭m E♭ Cm A♭6
ganz e - gal! Die Ku - - gel rollt, das Schick - sal
28 B♭7 E♭ D7(♭9) D♭9 B7 E♭7
nimmt den Lauf. Lie - be spielt
cresc.
f
34 A♭ C7 Fm
auch nur Rou - lette, mon a - mi setzt du dein Herz? Rien ne va
40 B♭7 E♭ Gm/D
plus! Und wenn Ma - dame gern va - banque spielt, Mon - sieur, Al - lez! Faites
p

46
D7(♭9) G7(♭9)sus G7 C C9sus
vo - tre jeu! Das Spiel be - ginnt! Das schö - ne
f
52
Gm7 C Gm7 A♭m
Spiel! Ob Glück, ob Pech, man fragt nicht viel, man
57
E♭ Cm Fm/A♭ B♭7 E♭6 Fm7
regt sich doch so gern ein biss - chen auf
cresc.
63
F♯° E♭/G Dm7(♭5) G7 C
und zahlt am En - de drauf!
p

Heut Nacht

Aus dem Musical-Projekt "Bomben auf Monte Carlo", 1959

Musik: Werner R. Heymann
Text: Robert Gilbert

16
C6
C°
Nacht, da mach' ich je-de Sün-de mit', und ich be-grün-de es da-mit, dass ich mir
20
C6
Em6
Eb7
sa - ge: Heut' geh ich ran! Und wer's nicht kann, der kriegt von
24
G7
C E G7 C E G7
E6
mir gern ein paar Tipps! Ja, ich
28
B7
bin ein neu - er Mensch, und das ist

32
A m6 E E6 E∆7 E6 E m6
wun - der - - - bar. Denn der
36
B7 A
neu - e ist mir lie - ber als der al - - - - te
41
A♭7 G7 C6
war! Heut' Nacht ist mir so
45
C° C6
O La La zu-mut', so Veuve Cli - quot la la zu-mut', ja, oh-ne Fra - ge: Es könn-te

49
Em6 E♭7 G7 C E G7
sein, noch ein Glas Wein und ich ver - lier' mein biss - chen Grips!
53
C E♭7 A♭Δ7 A♭6 A♭Δ7 A♭6
O - lé! O la la! Die - se
58
A♭Δ7 A♭6 GΔ7 F♯Δ7 F♯6
Nacht wird heiss wie noch nie! Oh!
63
F♯Δ7 F♯6 F♯Δ7 F♯6 F♯Δ7 F♯6 F♯Δ7 F♯6
Denn ich bin, ach, ich ich

67
F△7 F6 F△7 F6 C6
weiss gar nicht wie, so,
71
C° C6
so sehr nach Küs-sen auf-ge-legt, dass mein Ge-wis-sen gar nicht schlägt wie al-le Ta-ge.
75
Em6 E♭7 Dm7
Es könn-te sein, das Wört-chen 'Nein' fällt mir nicht ein.
79
G7 C E G7 C E G7 C E G7 C
Heut Nacht!

Lavendel, Lavendel

Aus dem Musical-Projekt "Bomben auf Monte Carlo", 1959

Musik: Werner R. Heymann
Text: Robert Gilbert
Bearbeitung: Karl R. Brachtel

21 Am Bm7(♭5)
-ven-del, La-ven-del stell mir auf den Ge-burts-tags-tisch! La-ven-del, La-
-ven-del, La-ven-del stell mor-gens auf dein Fen-ster-brett! La-ven-del, La-
26 E7 Bm7(♭5) E7 Bm7/5♭ E7 Am Em F C
-ven-del! Das hält die al-te Lie-be frisch. Und wenn du mich ver-jün-gen willst, ja,
-ven-del! Und a-bends an dein Him-mel-bett. Dann weisst du, ich muss früh und spät an
31 Dm Am Bm7(♭5) G G7 C/E Dm6 C G7
1.
dann wirkt si-cher-lich La-ven-del wie der Men-del-sohn-'sche Hoch-zeits-marsch auf
den La-ven-del
36 E7 B♭ B° Am/C E7 Am
2.
mich. La-'ran und bän-del mit dir und bän-del mit dir gleich an.
f

FURTHER INFORMATIONS
WEITERE INFORMATIONEN

HOMPAGE: www.heymann-musik.de
(deutsch/englisch)
Contains informations about Heymanns life and work, work directory of his songs, texts by Heymann, available sheet music and CDs. / Enthält u. a. Informationen über Heymanns Leben und Werke, Werkverzeichnis seiner Lieder, Texte von Heymann, lieferbare Noten und CDs.

facebook: Werner Richard Heymann
Informations about latests concerts, activities and finds. /Informationen zu aktuellen Konzerten, Aktivitäten und Fundstücken.

BOOKS AND SHEET MUSIC / BÜCHER UND NOTENDRUCKE

Hubert Ortkemper (Hrsg.)
Werner Richard Heymann: »Liebling, mein Herz lässt dich grüßen«
Der erfolgreichste Komponist der UfA-Zeit erinnert sich
Sprache: deutsch
320 Seiten mit CD
zahlreiche s/w-Abbildungen
Hardcover mit Schutzumschlag
ISBN 978-3-7957-0751-4
(ED 21041)

»Sie kennen mich nicht, aber Sie haben schon viel von mir gehört –« So stellte sich Werner Richard Heymann oft selbst vor. Der Komponist bis heute unvergessener Tonfilmschlager wie «Liebling, mein Herz lässt dich grüßen» oder «Ein Freund, ein guter Freund» war auch ein erstaunlich genauer und humorvoller Beobachter. Mit seinen Erinnerungen setzte er zahlreichen Persönlichkeiten der Literatur-, Film- und Musikgeschichte des 20. Jahrhunderts ein Denkmal. Hubert Ortkemper ist es gelungen, die auf Tonband diktierten Memoiren des bedeutendsten UfA-Komponisten zu einem ebenso unterhaltsamen wie zeitgeschichtlich spannenden Stoff zu verarbeiten. Die (Auto-)Biografie über ein deutsch-jüdisches Schicksal, das den Leser vom Ende der Weimarer Republik über Hollywood und zurück in das Deutschland der Nachkriegszeit führt.

Werner Richard Heymann
Berlin, Hollywood und kein Zurück
Sprache: Deutsch
80 Seiten, Broschur
13 Abbildungen
ISBN: 978-3-942271-37-0
Erschienen: 2011
Jüdische Miniaturen Bd. 113

„Sie kennen mich nicht, aber Sie haben schon viel von mir gehört“, mit diesen Worten spielt Heymann in den 1950er Jahren Melodien an, die in der Tat jeder kennt: „Das gibt's nur einmal, das kommt nicht wieder“, „Ein Freund, ein guter Freund“, „Das ist die Liebe der Matrosen“, „Irgendwo auf der Welt“. Kein Wunder, in der kurzen Phase des Tonfilms vor 1933 ist er der erfolgreichste Filmkomponist der UFA. 1896 in Königsberg geboren, beginnt er mit ernster Musik, ist Mitbegründer des literarisch-musikalischen Kabaretts und Generalmusikdirektor der UFA zur Stummfilm-Zeit. In der französischen Emigration komponiert er Operetten, in Hollywood die Musik für über 40 Filme, u.a. Lubitschs „Ninotschka“. Die Rückkehr nach Deutschland konfrontiert ihn mit einer gewandelten Situation. Seiner vielseitigen Familie, den vier Ehefrauen und seiner Balance von Witz und Humanität gelten weitere Schlaglichter dieses Buches.

Englische Ausgabe
Werner Richard Heymann
Berlin, Hollywood and no going back
Übersetzung: Lindsay Jane Munro
Sprache: Englisch
78 Seiten, Broschur
13 Abbildungen
ISBN: 978-3-95565-357-6
Erschienen: 2019

"You don't know me, but you've heard a lot of me already" were the words with which Heymann introduced melodies he played in the 1950s that everyone was familiar with. These included "Das gibt's nur einmal" (Just Once For All Time), "Ein Freund, ein guter Freund" (Good Friends), "Das ist die Liebe der Matrosen" (That's How Sailors Love You), and "Irgendwo auf der Welt" (In a Year - in a Day). It is no wonder that, in the brief phase of the talking movies before 1933, he was UFA's most successful film music composer. Born in 1896 in Königsberg, he began playing serious music and was one of the co-founders of literary-musical cabaret and general director of music at UFA in the times of the silent movies. After emigrating to France, he composed operettas, and then the music for more than 40 films in Hollywood, among these Lubitsch's "Ninotchka". When he returned to Germany, he was confronted with a very different situation to the one he had left. His eclectic family, his four wives and the balance he maintained between wit and humanitarianism are further highlights of this book.

AVAILABLE SHEET MUSIC / LIEFERBARE NOTENAUSGABEN:

Werner Richard Heymann: Kiki vom Montmartre – Gesang/Klavier, BMG UFA Musikverlage, ISMN: M-2060-5355-9

Werner Richard Heymann: Chansons für Singstimme und Klavier, Apollo Verlag, ISMN 979-0-2039-1797-7

Werner Richard Heymann: Professor Unrat, Liederheft mit 5 Chansons,
Apollo Verlag, ISMN 979-0-2039-1712-0

Werner Richard Heymann: Das gab's nur einmal, UFA 2005, ISMN 979-0-2060-6231-5

Werner Richard Heymann: Drei Lieder op. 1, Weinberger Musikverlag, ISMN 979-0-5004-8002-0

Werner Richard Heymann: Vier Lieder op. 7, Weinberger Musikverlag, ISMN 979-0-5004-8001-3

Werner Richard Heymann: Das gibt's nur einmal (Gem. Chor & Klavier),
Ricordi, ISMN 979-0-2042-2789-1

Werner Richard Heymann: Unvergängliche Heymann-Melodien: Potpourri für Blasorchester,
Ewoton International, EAN: 9990051630589

Sheet music for salon orchestra is available especially at Ricordi. / Salonorchesternoten zu einer Vielzahl von Heymann-Titeln sind insbesondere bei Ricordi erhältlich.